MW01248291

Hoy á las doce de la mañana se publica por bando nacional el Supremo Decreto que declara nula y de ningun valor la ley espedida por D. Miguel Lerdo en 25 de Junio, y llamada de desamortizacion.

Los que suscriben, juzgando á V. animado de los mismos sentimientos de que se hallan poseidos, le suplican se sirva adornar é iluminar el frente de su casa (por el que debe pasar la comitiva, presidida por el Señor General D. Luis G. Osollo), en señal de regocijo por tan fausto acontecimiento.

México, Enero 28 de 1858.

Varios vecinos.

Gral. D. LUIS G. DE OSOLLO.

ORACION FUNEBRE

PRONUNCIADA

EN LA ALAMEDA DE MEXICO

el dia 11 de Julio de 1859,
en memoria del Exmo. Sr. general

D. LUIS G. DE OSOLLO,

POR EL TENIENTE CORONEL
DE ARTILLERIA

Manuel Ramirez de Arellano.

MEXICO.

IMPRENTA DE JOSÉ MARIANO F. DE LARA,
calle de la Palma núm. 4.

1859.

92 O s 52
R

Delira por la gloria, porque sabe que solo
la gloria puede llenar el inmenso vacío de
su alma.

CORNENIN.

Exma. Sr. Presidente.

SEÑORES:

LEJANDRO el Grande honró las tumbas de los héroes de la antigua Ilion: los restos de Pompeyo fueron humedecidos con las lágrimas de César, y Napoleon desplegó su asombroso y bélico aparato, en memoria de las víctimas inmoladas á la gloria y engrandecimiento de la Francia. Babilonia y Roma deificaron á sus fundadores tributándoles honores divinos: los Egipcios y los Griegos

166515

elevaron á la altura de los dioses á Osiris, Eleno, Hércules y Perseo. Los cantos de los Druidas y los Bardos resonaron armoniosos y puros en honor de los héroes de los Escitas colocados en el número de las divinidades.

En estas mismas regiones del Nuevo Mundo, sus antiguos pobladores acostumbraban enaltecer el recuerdo de los hombres eminentes. Desde las tostadas y arenosas llanuras que, mezcladas con otras de exuberante fertilidad, forman la ancha faja de tierra limitada por el Atlántico, hasta las costas del Pacífico, en todas partes se entonaban cantos fúnebres, plegarias religiosas, en honor de los guerreros que habian alcanzado la celebridad.

Estos pueblos, estraños á los usos del cristianismo, vestian los cadáveres de sus héroes con el ropaje de la deidad tutelar; sacrificaban gran número de esclavos en las exéquias, y quemaban al objeto de estas crueles ovaciones para colocar en una urna sus cenizas.

La gratitud, ese sentimiento noble y sublime, que ha colocado la Providencia divina en el corazon del hombre, y del cual es su mas bello adorno, ha sido la fuente en que las antiguas y modernas sociedades, han bebido las inspiraciones del reconocimiento público.

Ese resorte secreto del alma que impele á la humanidad á derramar copioso llanto por la pérdida de sus benefactores, es el que agrupaba en derredor del ataud de Mirabeau al pueblo de Paris, pidiendo inspiraciones al helado cerebro del tribuno, que habia imitado admirablemente á los hombres del foro romano en los dias de Clodio y, de Ciceron: es el mismo que nos hace rodear hoy la modesta tumba del ilustre general Osollo, del grande hombre que concibió el primero en su cabeza, la brillante idea de efectuar la reaccion de la moral y de los principios del órden, en un país destrozado por los choques de la anarquía y por una libertad borrascosa.

Los genios estraordinarios aparecen raras veces en la escena del mundo: desempeñan el grave papel que les corresponde, y se hunden en el sepulcro, llevándose acaso las esperanzas de un pueblo. Toca á sus conciudadanos mantener vivo, como el fuego de Vesta, el recuerdo de las virtudes con que han brillado, y rendirles la envidiable ofrenda del reconocimiento nacional.

Tal es la grata mision que me ha conducido á esta tribuna por nombramiento espreso del Gobierno Supremo, cuyos nobles sentimientos deseara poder interpretar fielmente. Bien conozco que el encargo con que he sido honrado es muy superior á mis débiles esfuerzos; pero he debido aceptarlo, cediendo á los afectos del corazon, y á la ciega confianza que me inspira la bondadosa indulgencia del ilustrado auditorio que me rodea.

Al colocar la flor de los recuerdos en la fosa en que descansa el héroe, mezclemos al acíbar de las lágrimas las glorias de su pasajera existencia, siguiéndolo brevemente desde la cuna hasta el sepulcro.

El sol del dia 21 de Junio de 1828 alumbró el nacimiento de Osollo. La edad de la lactancia y los primeros dias de su niñez, corrieron en medio de esa agitacion

febril que se difunde en los países destrozados por las
guerras civiles. Este niño tal vez se estremeció al oir
el ronco estallido del cañon de la Acordada, disparado en
1828 por la misma faccion á quien habia de combatir va-
lerosamente en los últimos años de su corta vida.

Trasladada su familia á Europa, recibió del otro lado
de los mares una perfecta educacion primaria, y de re-
greso á la República emprendió la carrera de las armas,
siendo admitido de alumno del Colegio Militar en Abril
de 1839.

Desde entonces comenzaron á cumplirse los destinos
del héroe. Sus naturales inclinaciones lo ponian en el
camino de la gloria, que habia de atravesar con sorpren-
dente velocidad y aplauso general de sus conciudadanos.

En aquel establecimiento científico, Osollo manifestó
siempre un gusto dominante por las armas. Los estudios sobre el arte de la guerra, fueron desde luego el objeto de su predileccion, y muy breve su talento precoz y
la estraordinaria dedicacion con que se entregó á ellos, lo
hicieron merecedor del ascenso á subteniente.

Como Napoleon en la escuela militar de Brienne, Osollo
se sobrepuso desde el colegio á sus camaradas, y ejerció
sobre todos, á pesar de su corta edad, el ascendiente ir-
resistible del genio que habia nacido para mandar á los
demas.

Predestinado para brillar en los campos de batalla, hasta en sus disgustos de la niñez habia escenas belicosas, que
semejaban las querellas de Marco y Silla, de César y de

Pompeyo. Hombre escepcional y verdadero tipo militar, era de continente tranquilo, mirada penetrante y aspecto marcial. Entregado con frecuencia á graves pensamientos, que tal vez le hacian presentir sus futuros destinos, y modulando su voz con las vibraciones de las lenguas heróicas de la Italia, tenia todos los contornos de los hombres ilustres de Plutarco.

Acababa de separarse Osollo del colegio militar, cuando marchó á Veracruz y se embarcó en aquel Puerto para ir á hacer la campaña de la península de Yucatan.

Los vientos frios que en el equinoccio de Otoño se desprenden de la Bahía de Hudson, y que despues de recorrer las costas del Atlántico y el sinuoso golfo de México, se azotan con la furia de los huracanes en nuestras desabrigadas playas y sus islas comarcanas, combatieron con fiereza la nave en que iba el jóven oficial á la campaña. Esta circunstancia familiarizó á su alma superior, con el majestuoso y sublime espectáculo de las tempestades de los mares.

La espedicion que surcara tan proceloso mar, arribó felizmente á la península que debia ser el teatro de la guerra, y allí fué la escuela práctica de Osollo. La Isla del Cármen, el Cerro de la Eminencia, Chiná y tantos otros lugares en que se empeñaron serios combates durante aquella guerra desastrosa, fueron testigos mudos de su indómito valor. Todos sus compañeros de armas reconocieron desde entonces las virtudes militares que lo adornaban, y un concepto no menos honroso que general, fué el galardon de su primera campaña. De Yucatan marchó á Tabasco y se distinguió en las filas de los bravos soldados que tomaron la Capital de ese Departamento.

¡Campos de la Angostura y Buena vista! vosotros admirásteis á Osollo en Febrero de 1847, combatiendo con denuedo en defensa del honor nacional, atacado en la injusta guerra que trajo á la República la raza Anglo-Sajona.

Las ardientes montañas de Cerro Gordo lo vieron tambien presentar su pecho con serenidad á las balas americanas, disputando tenazmente al enemigo nacional el paso á la Capital.

Este mismo Valle, señores, tan lleno de amargos recuerdos, fué en Agosto y Setiembre de 1847, el gran campo de batalla en que se midieron repetidas veces nuestras armas con las de los soldados del Norte. Epoca de inmensos infortunios, de desastres para la República; pero en la cual el valor y la constancia del ejército, estuvieron á la altura de los que eran dignos sucesores de los soldados que nos dieron patria. Churubusco, el Molino del Rey y las Garitas de esta Capital, escucharon en medio del fragor de los combates, la voz de trueno del capitan Osollo, alentando con su ejemplo el entusiasmo y el patriotismo de sus soldados, porque desde niño desprecia el peligro y "*delira por la gloria, porque sabe que solo la gloria puede llenar el inmenso vacío de su alma.*"

Las ricas montañas del Departamento de Guanajuato, fueron teatro de su valor, cuando una parte del ejército sofocó en la plaza de aquel nombre la rebelion de 1848.

Veracruz le debe importantes servicios en los primeros meses de la última administracion del general Santa Anna. La guardia nacional de aquel puerto se amotina en Mayo de 1853, y si bien el gobernador y comandante general del Departamento refrena la rebelion por sí mismo, Osollo que estaba en la ciudad de Jalapa vuela en auxilio del órden público. Los habitantes de Misantla apelan á las vias de hecho en una exigencia local, sublevándose contra el gobierno, y se le confia el delicado encargo de la pacificacion de aquel lugar. La guerra de castas, que asuela los campos de Yucatan, toma proporciones gigantescas en 1853, y Osollo se embarca otra vez en Veracruz para ir á contener en sus antiguos límites, tan bárbara como implacable lucha. Al regresar de la península, despues de haber terminado satisfactoriamente la importante mision que habia sido encomendada á su inteligencia militar, fué destinado á la penosa campaña del Sur. Los países de este rumbo, lo vieron ceñir su frente con el laurel de la victoria, en todos los combates que empeñó defendiendo el órden y las garantías.

El general Santa-Anna abdica el poder en Agosto de 1855, y se aleja de las playas de la patria, deseando vivamente quitar todo pretesto á la lucha fratricida que nos devoraba. Para mayor infortunio de la República, esto paso sublime de desinteres y patriotismo, tuvo consecuencias muy diversas del noble objeto con que fué dado.

La abnegacion del ejército, la falta de pudor de algunos, la poca previsión de otros, la buena fé de muchos y el desconcierto de todos, hizo que de la nueva situación del país brotara ese raudal de males inmensos, de desgracias espantosas, que nos ha conducido al precario y lastimoso estado que guardamos actualmente.

Yo quisiera, señores, que en este dia consagrado al duelo y á la gratitud, no llegara á vuestros oidos ni una sola palabra de los rencores políticos. Deseara que, á lo menos hoy, hubiera un paréntesis en nuestras disensiones, y que un espeso velo ocultara el cuadro desgarrador de la contienda civil. ¿A qué envenenar mas desde esta tribuna los ódios de la divergencia de opiniones, que debieran consumirse en una hoguera para purificar el espíritu público? Lejos de mí semejante idea en este dia de dolorosas emociones; pero desgraciadamente la mision que estoy desempeñando me lleva, á pesar de mis deseos, á tocar la cuestíon que mas que cualquiera otra ha agitado los encontrados intereses de partido. Tengo por fuerza que dirigir una mirada al orígen de los últimos desastres nacionales; pero trazaré á grandes pinceladas el bosquejo de la época que voy tratando.

El ejército podia dominar con estraordinaria facilidad la revuelta de Ayutla, cuando el general Santa-Anna descendió espontáneamente del poder; pero cometió la grave falta de creer en las promesas del plan que sirvió de enseña á la rebelion, y esplotando entonces sus enemigos la buena fé de la fuerza armada, adelantaron su obra hasta apoderarse de la situacion.

Las huestes de Ayutla, que trocaban inesperadamente el angustioso estado en que se hallaban, abordaron á las Capitales y poblaciones importantes de la República, con el aspecto de frenéticos vencedores.

¿De los hombres que no habian emigrado al estranjero en esta conflagracion general, quién preveia las funestas consecuencias de los estraños acontecimientos que se estaban sucediendo? Solo el jóven coronel D. Luis G. Osollo, que tenia á la sazon el mando militar de Iguala en el Departamento de Guerrero. Allí habia estado luchando contra el torbellino revolucionario que amenazaba devorarlo todo, y allí se designó á sí mismo el honroso y envidiable papel que debia desempeñar.

¡Estraña coincidencia de los sucesos humanos! En la misma Ciudad en que el Libertador de México anunció al mundo el plan que nos hizo independientes, treinta y cuatro años despues, el futuro vencedor de Ocotlan, se inspiraba en las ideas que lo habian de convertir en caudillo esforzado de la Nacion, y en gefe del ejército defensor de las garantias y el órden. Es que acaso existe una cadena misteriosa, que liga á todos los hombres dotados por la naturaleza con los atributos del genio.

Osollo habia estado sosteniendo la lucha en el Sur con el entusiasmo y la constancia que le eran peculiares. En este rumbo que sirviera de foco á la revolucion, habian muerto ya las esperanzas del triunfo para sus autores, cuando se supieron los estraños sucesos de la Capital.

¿Cómo sufrir la humillacion de someterse á la obediencia de los hombres de Ayutla, el que les habia dado en los campos de batalla tan severas y repetidas lecciones? El bizarro y denodado gefe se retiró à la Capital, y cuando esta secundó el plan revolucionario, se ocultó al furor de sus rencorosos enemigos, mientras se le presentaba la ocasion de brillar en todo su esplendor.

Era el único que en esta crísis podia levantar la frente con orgullo, y decir como Francisco I despues de la batalla de Pavia: "Todo se ha perdido, menos el honor."

La revolucion que se habia anunciado á la República asoladora y desastrosa, no prestaba ninguna garantia al asaltar el poder. Un hombre salpicado de sangre en diversos asesinatos parciales ó en masa; denunciado ante la opinion pública como el emblema de la ineptitud, y tachado de complicidad en todas las conmociones generales ó particulares de la Nacion, empuñó las riendas del gobierno y comenzó á desarrollar el programa revolucionario.

La religion, el clero, el ejército, la propiedad y todas las conveniencias sociales, apellidadas viejas instituciones por la bandería de Ayutla, debian de caer á los golpes del ariete demagógico. En muy corto tiempo habia operádose un trastorno general: la áspera mano de la revolucion solo habia necesitado algunos dias para remover indiscretamente, las creencias religiosas, las conciencias, el órden público y hasta el hogar doméstico. Los mismos hombres de Ayutla, ébrios de inconsecuencia en la realizacion de sus promesas, levantaban de nuevo el estandarte de la rebelion para precipitar del poder á su caudillo D. Juan Alvarez. (1)

El curso de los acontecimientos relegó á este hombre á su antigua vida de las montañas, despues de haber colocado en la presidencia de la República á uno de los que figuraban en primer término en las falanjes de Ayutla.

El país se habia horrorizado al presenciar los primeros pasos de la nueva administracion, y dirigia su vista á todas partes, buscando al genio estraordinario, que habia de interpretar la voluntad nacional y defenderla heroicamente de sus enemigos, en los campos de batalla.

Cuando el Autor del universo manda á los pueblos dias de quebranto y de calamidades públicas, les presenta en medio de su afliccion profunda, hombres estraordinarios y varones ilustres, que desplegando los recursos de su propio genio, cambian la faz de las sociedades.

La Grecia seguia una marcha de decadencia continua, en medio de las luchas fratricidas, de la exuberancia de grandes hombres, de poetas y de retóricos, cuando el jóven Alejandro encontró por pasto de su ambicion el mundo Asiático, con la corrupcion de sus poblaciones, sus sátrapas, sus religiones ridículas y despreciables, sus gobiernos caducos, sus estensos límites y su fabulosa opulencia.

_____

(1) Doblado y Echagaray en Guanajuato, y Espino en Tepic, se pronunciaban por Comonfort, desconociendo á Alvarez, precisamente en los momentos en que éste entregaba la presidencia.

Roma, la señora del mundo, habia surcado un mar lleno de tempestades producidas por la libertad, cuando se presentó César á dominarla, y desde entonces las legiones veteranas solo conocieron el camino de la gloria. Era que el conquistador de las Galias habia fascinado á los romanos.

El pueblo francés, cansado de sus propios escesos y de las borrascas de la revolucion, que habia cortado en la guillotina cabezas regias, como la del infortunado y débil monarca Luis XVI, deseaba un genio que concentrara en su persona los instintos bélicos de la nacion, y que desarrollara sus ideas de engrandecimiento y progreso material.

Napoleon se improvisa general, cónsul, emperador, y atravesando con sus ejércitos las cordilleras de los Alpes y de los Apeninos; derramando sus centenares de miles de soldados sobre las fértiles llanuras de la Italia y venciendo en cien batallas, engrandece á la Francia, y atrae sobre su persona la admiracion universal.

Así la República Mexicana, destrozada por una vida llena de luchas intestinas, por la desmoralizacion general, fluctuando siempre entre la dictadura y las parodias del gobierno representativo, combatida frecuentemente por los choques de la anarquía, y entregada, por último, á los horrores de una demagogia desenfrenada, buscaba un genio estraordinario que la salvara de su inminente ruina, porque "Los grandes hombres son los agentes pasivos de las circunstancias, á la vez que los agentes activos de su propio genio." (1)

Al mismo tiempo que Comonfort subia los escaños del poder, Osollo lanzaba sobre su cabeza la tempestad revolucionaria, cuyos rayos debian al fin herirle mortalmente.

En las montañas de Zacapoaxtla, apareció en Diciembre de 55 la chispa de la reaccion, y como una garantía de la buena causa, el ilustre nombre del héroe, cuya sentida muerte ha lamentado y lamenta la República.

Los hombres de sanas ideas, y de rectos principios, engrosaron brevemente las filas moralizadas del órden y las garantias. La parte mas florida del ejército se agrupó en derredor de aquella bandera nacional, y marchó sobre Puebla, adonde entró triunfante en Enero de 1856.

Por un fenómeno de esos que no tienen esplicacion satisfactoria, la reaccion se detuvo dos meses en las calles de la hermosa ciudad que acababa de conquistar. En este tiempo el gobierno emanado del plan de Ayutla, reunió los inmensos recursos de que disponia, y marchó á combatir el movimiento político, que se habia inaugurado con un triunfo de sus armas y con la sancion de la opinion pública.

Los soldados de la reaccion eran de una bravura estraordinaria y salieron al encuentro del numeroso ejército que llevaba el designio de batirlos. La loma de Montero y el cerro de Ocotlan fueron el teatro de la batalla

(1) Cormenin.

mas heróica y memorable de cuantas se han dado en la
República. Tres mil soldados y ocho cañones atacaron
á catorce mil hombres con 50 piezas de inmejorable
artilleria. El esclarecido coronel Osollo, héroe verdadero de la antigüedad trasladado á las luchas modernas,
conquistó en ese dia, 8 de Marzo de 1856, los laureles
de la victoria y las palmas de la inmortalidad. "Soldados: desde lo alto de esos monumentos cuarenta siglos os
están mirando:" así decia Napoleon á su ejército en el
paso de las pirámides de Egipto, para reanimar el orgullo de esas falanjes que llenaron el mundo con sus glorias.
De la misma manera Osollo, con el ejemplo de un valor
temerario, alentaba el entusiasmo y el patriotismo de
sus tropas, á la vista del *Iztacsihual* y del *Popocatepetl;*
de esos volcanes gigantes que, hundiendo en el cielo sus
altivas frentes cubiertas de nieves perpetuas, han visto
tantas veces enrojecerse el fértil suelo de la República,
con la sangre derramada en nuestras luchas domésticas,
en las guerras de hermanos contra hermanos.

Al frente de los batallones Zapadores y 3.er ligero car-
gó con arrojo y decision sobre el cerro de San Francisco
Ocotlan, centro de la imponente línea de defensa del enemigo: llevando entre las bayonetas del gobierno el pendon
que Constantino tremoló en medio de las águilas roma-
nas, arrolló á los contrarios, hizo prisionero á un batallon,
se apoderó del parque y la artillería; quedando dueño de
la ventajosa posicion y vencedor sin igual en ese dia de
tan gloriosos recuerdos.

La página mas bella de la vida militar de Osollo es la victoria de Ocotlan: allí dejó llenos de admiracion á sus enemigos; allí se formó el pedestal de la justa fama que trasmitirá su nombre á la posteridad mas remota, y allí se colocó á la altura de los guerreros esclarecidos. ¿Hizo acaso, mas, Leonidas en las Termópilas y Napoleon en Austerlitz?

Vueltas las tropas de la reaccion á sus posiciones de Puebla, el dia 10 de Marzo sufrieron el choque de las numerosas huestes de Comonfort: la mejor defensa de la plaza exigia que Osollo abandonara el cerro de San Juan, retirándose al centro del perímetro fortificado, y así lo verificó abriéndose paso, con un solo batallon, entre millares de combatientes que intentaron detenerlo.

En el triste desenlace de aquella brillante campaña, Osollo rehusó tomar parte en la capitulacion: se indignó con la idea de recibir gracia de sus enemigos, y se impuso el ostracismo, prefiriendo á la humillacion, ir á devorar en medio de la miseria el pan amargo del destierro; pero ostentando en su frente una aureola de gloria militar.

Los lamentos de nuestra sociedad, que marchaba á una disolucion segura y espantosa, salvando los mares llegaron hasta el destierro del vencedor de Ocotlan: al escucharlos decidió lanzarse en una nueva serie de peligros, y desembarcando en las playas de Tampico, se introdujo hasta la Capital de la República. Por esta época, algunos de sus compañeros de armas hacian un segundo y

recio empuje en la invicta ciudad de Puebla, para libertar
á la nacion de la dictadura demagógica, y Osollo, siempre grande, abrazó el noble partido de ir á sacrificarse al
frente de pequeñas fuerzas, llamando la atencion del ejército sitiador para salvar á aquellos hombres esforzados
que, sin mas elemento que el heroismo, hacian una defensa Saguntina.

Las esperanzas del genio se estrellaron ante la fatalidad
del destino, y un desastre inevitable en San Juan Coscomatepec, terminó la atrevida campaña que emprendiera
con tan nobles deseos. Pero el infortunio solo servia
para enardecer mas y mas el valor y el patriotismo del
ilustre guerrero que se habia consagrado á la salvacion
de la República. Cada revés de la fortuna hacia surgir
en su alma nuevos medios de accion, para realizar los ardientes deseos de todos los buenos ciudadanos.

Acababa de regresar á la Capital, despues de los tris-
tes sucesos de Coscomatepec, cuando la reaccion apareció
imponente y majestuosa en la ciudad de San Luis Potosí.
Osollo vuela entonces sin demora á prestarle el apoyo de
su temible espada y el prestigio de su esclarecido nombre. Los cerros de la Magdalena del Departamento de
Querétaro, fueron el teatro de una batalla sangrienta y
desgraciada, entre las fuerzas del órden y las de Comonfort. En esta vez 1.000 soldados de las primeras resis-
tieron el choque de 7.000 de las segundas; pero los aza-
res de la guerra obligaron á las filas de la reaccion á
emprender una retirada con direccion á la Sierra Madre.

Osollo se encargó de cubrir la retaguardia en este movimiento retrógrado, y repetidas ocasiones rechazó, con asombroso valor, el ataque de todo el ejército enemigo, que cargaba con arrojo y tenacidad.

La época de prueba y de amargos desengaños no debia pasar aún para la nacion mexicana: era preciso que la lucha se prolongara mas, y que nuevos infortunios pesaran sobre los hombres que habian rehusado cooperar al desarrollo de las ideas disolventes. Una bala de cañon arrancó el brazo derecho del general Osollo en la retirada para la Sierra: esta desgracia inesperada llevó el desórden y la confusion á sus filas, realizándose una derrota, súbita y general, en aquellas tropas tan ardorosas y valientes antes del fatal suceso. El bravo mutilado redobló sus esfuerzos en aquellos momentos de dolor supremo: sin restañarse la sangre de la herida y olvidando la inmensa desgracia que acababa de sufrir, apuntó varias veces los cañones; victorió con entusiasmo y ardor á la causa del órden y al ejército, y trató de restablecer la moral de sus soldados, que se habia perdido al recibir él la dolorosa herida.

Guerrero esclarecido, ciudadano ilustre y varon admirable, debia caer pero coronado de flores y en medio de la gloria y de los aplausos, como las víctimas en el circo romano. Abandonado de los suyos; sin fuerzas ya para resistir el dolor y debilitado por las pérdidas abundantes de la mutilacion, se entregó á los contrarios con esa ciega confianza de las almas generosas. Cuando este paso atrevido del general Osollo, grande en la prosperidad y mas grande en el infortunio, sea visto á traves del prisma de la tradicion, la posteridad confundirá al héroe que lo dió con los ciudadanos de Esparta, y lamentará, como nosotros, la sensible pérdida de tan esforzado guerrero.

Los dias de pena y calamidades acabaron por fin de deslizarse: la parte del ejército que, por un esceso bien lamentable de lealtad, habia servido de único apoyo á la faccion de Ayutla, volvió sobre sus pasos, y uniéndose á sus compañeros de armas, que estaban del lado de la opinion pública y de las conveniencias sociales, acometieron juntos la noble empresa de salvar al país del duro yugo que lo oprimía. Entonces se marcó el *hasta aquí* á los hombres que habian hundido á la Nacion en un profundo abismo de inmensas desgracias, prorumpiendo en gritos de *reforma* y de *progreso* á cada desastre de la reaccion; pero ganando realmente terreno en la práctica de sus ideas desorganizadoras. Las duras y nuevas exigencias que formaban el programa diario de esa banderia, de tan amarga memoria, concluyeron con la reforma del plan de Tacubaya, llevada á buen término con la ayuda de las mejores espadas de la reaccion.

Los hombres que animados del mas loable patriotismo iniciaron en la Capital este honroso movimiento, llamaron á tomar en él la parte que les correspondia, á los coroneles Osollo y Miramon, que en esos momentos entraban triunfantes en la Ciudad de Cuernavaca.

La ocasion de venir á las manos las fuerzas contendientes se presentó brevemente. El coronel Miramon atacó con su genial bravura, el Hospicio y la ex-Acordada, puestos avanzados de los que pretendian contener el derrumbamiento de aquel gobierno gastado y aborrecido. Osollo se trasladó á la inmediacion del teatro de la guerra, y cooperó al brillante triunfo de su digno camarada, atendiendo con oportunidad los pedidos de reservas y municiones, y estando dispuesto á lanzarse en su ayuda si necesario fuera.

Tan fuerte y bien combinado ataque decidió el triunfo en favor de la reaccion, y Comonfort cayó herido por los rayos de la tempestad que él habia querido descargar únicamente sobre la cabeza de los suyos. En seguida huyó al estranjero, acompañado de la execracion general, y sus colaboradores se dispersaron en todas direcciones á cubrir de luto á la República.

México rindió entonces una ovacion sincera y espontánea al héroe que habia impendido tantos y tan costosos sacrificios en defensa de la causa nacional. Osollo recorrió las calles de la ciudad regadas de flores, y la gratitud pública colocó una corona en las sienes del héroe que ostentaban ya la aureola de la gloria. El gobierno le decreta la banda de general de brigada; pero él rehusa hasta donde le es posible, aceptar tan merecido como honroso distintivo: (1) tiene aspiraciones mayores: ambiciona

(1) Estando reunidos en un gabinete de palacio la víspera de que se publicara el bando que derogó la ley de desamortizacion, el Presidente de la República, general D. Félix Zuloaga, Osollo y el orador, tuvo lugar una escena rarí-

la ocasion de hacer la felicidad de su patria, y *"delira por la gloria, porque sabe que solo la gloria puede llenar* *el inmenso vacío de su alma."*

La coalicion de los departamentos del interior se presentó terrible y amenazadora: el esforzado caudillo marchó á combatirla, y un solo golpe bastó para destruir en los campos de Salamanca aquel aparato de guerra. En medio del triunfo tendió una mano generosa á los vencidos, procurando la union de todos los mexicanos.

Acababa de regresar á México cubierto de sus nuevos laureles, cuando horribles escenas representadas en Zacatecas hicieron necesaria otra vez su presencia en el interior.

La guarnicion de aquella plaza se defendió heróicamente de los constitucionalistas que la atacaron; pero al fin tuvo que ceder á la falta de elementos y al escesivo número de sus contrarios. El general Manero y varios gefes y oficiales pagaron su heroismo, siendo fria y bárbaramente asesinados en nombre de la libertad.

Osollo se dirige con presteza á la ciudad de San Luis Potosí, llevando el designio de unir á sus tropas la division del Norte, para abrir la campaña y escarmentar al enemigo, que se llena de terror al saber que debe luchar con tan afamado capitan. Pero ¿qué significa ese dolor

sima, durante la cual Osollo rehusó varias veces presentarse en público con las insignias de la nueva clase, á que habia sido justamente ascendido, y fué preciso, para lograr su asentimiento, que el Presidente concluyera por prevenirle, en su carácter de tal, que mandara el bando del dia siguiente, llevando las divisas que correspondian á su nuevo empleo.

profundo que, partiendo del Norte, se apodera de toda la República?..... ¿Por qué caen las nacientes esperanzas de la patria como las espigas de los campos que corta la segur del labrador?..... ¿A quién se hacen esos funerales de muerte en las mismas calles que acaba de transitar el héroe, grande y majestuoso, recibiendo la ovacion de un pueblo que lo llena de bendiciones?..... ¿Por qué ese llanto desgarrador y esos suspiros congojosos de una generacion entera?..... ¿De quién es esa tumba que se levanta circundada de gloria?..... ¡Ah, mexicanos! La patria ha perdido su mas ilustre ciudadano: la religion un defensor entusiasta y valeroso, y el ejército un caudillo sereno y esforzado. El vencedor de Ocotlan, el mutilado de la Magdalena, el generoso en los campos de Salamanca, el que levantó del suelo y paseó con honor por todos los ángulos de la República el pendon de Iturbide, ha volado de este mundo á otro mejor, y ocupa su lugar entre los justos del Señor. (1)

¿Conque no bastaba al tormento de la nacion la série de grandes desastres y de amargos desengaños sufridos en mas de siete lustros de escandalosa discordia, sino que era preciso entonar cantos fúnebres, elegias patéticas y sublimes por la pérdida del hombre que moderaba la lucha encarnizada con que México deshonra la historia, presentando á las pasiones humanas en toda su desnudez, y sin freno ni valladar?

(1) El general Osollo falleció en San Luis Potosí, devorado por la fiebre, el dia 18 de Junio de 1858.

Osollo era cuando murió, el foco adonde convergian los rayos de esperanza de todos los buenos ciudadanos. El pagó, no obstante, á la naturaleza el tributo impuesto sin escepcion á los individuos de la especie humana. Los grandes y los pequeños, todos estamos limitados por la nada. La Providencia divina corta el hilo misterioso de la vida, cuando place á sus inescrutables designios, y cada hombre recorre en mas ó menos tiempo, sin poder evadirse, el camino que principia en la cuna y termina en el sepulcro.

Alejandro el hijo del Macedonio, el discípulo de Aristóteles, saciado de triunfos y de glorias en la primavera de su vida, tropieza con la muerte en medio de los deleites y vapores de un espléndido festin.

Bruto clava el puñal republicano en el corazon de César, y el ilustre hombre que habia dictado sus leyes al mundo, cae herido á los piés de la estátua de Pompeyo, en los momentos de ir á ser electo por el senado emperador perpetuo de Roma.

Napoleon, perseguido por la volubilidad de una fortuna caprichosa, ve eclipsarse su estrella entre el humo de la batalla de Waterloo, y matando su espíritu este duro golpe del destino, va á hundirse en la fosa de la humanidad en medio de las rocas solitarias de Santa Elena, azotadas de continuo por las olas del Océano.

Los grandes imperios, las ciudades opulentas, todo se derrumba en la incesante y precipitada marcha del tiempo, contribuyendo á sostener el equilibrio del mundo, cifrado en la sucesion de la vida y de la muerte.

¿Dónde están los Asirios que vivian sobre las riberas del Tigris; los Caldeos que habitaban las del Eufrates, y los Persas que ocupaban desde el Indo al Mediterráneo? ¿Qué se han hecho los reinos de Samaria y de Jerusalem; de Damasco y de Idumea; las repúblicas mercantiles de la Fenicia y los pueblos belicosos de los Filisteos? ¿Dónde se hallan las cien ciudades poderosas de la Siria, y Tebas la de los cien palacios?

La soledad de las tumbas ha sucedido al bullicio de las plazas públicas, y solo quedan en aquellos lugares de tanta animacion y vida, los escombros de la opulencia pasada; un recuerdo confuso y vago que se perderá en la noche de los tiempos.

Las brillantes creaciones de la mano del hombre siguen la misma suerte. Los templos de Balbek y de Jerusalem; los palacios de Persépolis, los baluartes de Nínive; los muros de Babilonia, los astilleros de Arad y los talleres de Sidon, todo se desmoronó, todo pasó como las vistas de un rico y variado panorama.

Ese principio de vida y de muerte, que alcanza á todo lo criado; que arrastra al universo al término fijado por el Artífice Supremo, fué el que trajo al mundo al vencedor de Ocotlan para que llenara la República con su nombre, y el que hizo pesar sobre nosotros la inmensa desgracia de su irreparable pérdida; porque "*todos los caminos de la gloria van á detenerse al sepulcro.*" (1)

---

(1) Chateaubriand.

Pero los benefactores de los pueblos, los varones ilustres, los hombres eminentes, se hunden en la tumba llevando por sudario el manto de la gloria, y seguidos de las
bendiciones de una generacion. Por eso los ministros
de la religion, de esa religion poética y sublime que der-
rama un bálsamo de paz sobre el corazon y que dulcifica
nuestras pasiones, han elevado hoy hasta las plantas del
Altísimo, en el altar del sacrificio y con el aroma del in-
cienso, las humildes preces de un pueblo agradecido, que
en sus estremos dolores llora apasionadamente la tempra-
na muerte del general Osollo. Por la misma causa el
supremo gobierno, alentando el espíritu militar, é inter-
pretando el sentimiento público, tributa á la grata memoria del esclarecido caudillo una justa ovacion de respeto
y gratitud. Sí, Sr Exmo., en este dia de gloria pós-
tuma, en que se celebra el apoteósis del valor y de las
virtudes civiles y militares, el águila nacional está mustia
y abatida, el ejército cubierto de luto, la sociedad toda
llorosa y desolada, y el pueblo entusiasta y agradecido
dice al héroe con dolorosa emocion: *"recibe en la muerte los honores que te decreta tu patria."* (1)

¡Mexicanos! la sombra protectora del vencedor de Ocotlan, del ilustre general Osollo, nos exita desde el cielo
á imitar su noble ejemplo, en la grandiosa obra de la
pacificacion de la República. Hagámoslo así y la nacion
se salvará —DIJE.

(1) Inscripcion puesta en el túmulo de Voltaire.

CPSIA information can be obtained
at www.ICGtesting.com
Printed in the USA
LVHW082243230222
711682LV00005B/3

STA. TERESA DE JESÚS

Y

SAN JUAN DE LA CRUZ

(BOCETOS PSICOLÓGICOS)

POR

JUAN DOMÍNGUEZ BERRUETA

LIBRERÍA DE FRANCISCO BELTRÁN

PRÍNCIPE, 16.—MADRID

—

1915

Salamanca. —Imp. de Calatrava, a cargo de Manuel P. Criado

Santa Teresa de Jesús [1]

Uno de los más grandes escritores del siglo XIX, apenas conocido, porque «vivió más para adentro que para afuera»—como dijo muy bien Maragall al traducir su obra *Fisonomías de Santos*—Ernesto Hello, hizo que su libro fuera una revelación para muchos. «No sospechábamos que los santos fueran así», pudieron decir infinidad de gentes, como aquellas otras de tiempo de monseñor Dupanloup, que se preguntaban «si los santos serían hijos de Adán, hombres de carne y hueso como los demás hombres».

Y es que a fuerza de querer, con muy

_____

(1) Conferencia leída en la Universidad de Salamanca.

buen deseo, indudablemente, elevar a los santos sobre la humanidad, se les ha colocado fuera de la humanidad, inaccesibles a la visión simpática de los demás mortales.

En esto se dan la mano, como en todo, los extremos: la ignorancia de los píos y la de los impíos.

Santa Teresa, sin embargo, goza de cierto privilegio. Y es que nos ha contado su vida ella misma.

Circula por esa *Vida* de Santa Teresa, escrita por ella misma, una gracia, una alegría santa de vivir, un humorismo a lo divino, sin dejar de ser muy humano; un «andar en verdad»—como ella dice—tan corriente, tan sincero, tan a nuestros alcances, para poderlo admirar, ya que no sepamos imitarlo, que no es extraño, que todos los que tienen un falso concepto de la santidad y del misticismo, que son legión, tengan que confesar su error, diciendo: «No sospechábamos que los santos fueran así».

No hace mucho tiempo, una revista, magnificamente ilustrada, daba a conocer un cuadro, titulado *Misticismo*, obra de un pintor de renombre. Representaba, vestido de tosco sayal, a un religioso, con tal aspecto de sufrimiento, de tristeza, enfermo, miserable, que resultaba sencillamente repulsivo, contra los buenos deseos, sin duda, del autor... Aquel pintor no es posible que hubiera leído a Santa Teresa.

La alegría ha parecido a la Iglesia tan relacionada con la santidad, que Benedicto XIV hizo de su presencia constante una de las condiciones de la beatificación.

El buen humor no está lejos acaso de ese «buen espíritu» que los maestros de la vida ascética estiman tanto.

Uno de los santos más extraordinarios que ha habido, admiración hasta del mismo Goethe, San Felipe Neri, fué un día, de orden del Papa, a examinar el espíritu de una religiosa, medio santa, que llamaba la atención con éxtasis y revelaciones, en un monasterio cerca de Roma.

Era en un día tremendo de lluvia, de vendaval. Llegó el santo al monasterio, lleno de agua, de barro, y lo que es más extraño, de buen humor. Se le presenta la religiosa, toda compungida y devota, dispuesta a demostrar sus conocimientos en la ciencia de la perfección.

San Felipe Neri, por todo examen teológico, se sienta modestamente en una silla, y le dice a la religiosa: «Quitadme las botas».

Tales fueron los gestos de poca humildad que hizo la medio santa, que el gran San Felipe tomó tranquilamente su sombrero, y se fué al Papa, a informarle que en aquel monasterio no había tal santidad.

En un caso análogo, de seudo arrobamiento, que le acaecía a cierta persona—dice Santa Teresa, con graciosa ingenuidad:— «con dormir, comer y no hacer penitencia, se le quitó a esta persona».

¡Y qué gracia no le harían a la santa castellana aquellas beatas de Villanueva de la Jara, que querían ser monjas, cuando las

describe con rasgos tan expresivos! «Rezaban el Oficio divino—dice—con un poco que
sabían leer, que sólo una lee bien...» «con
unos breviarios viejos, que unos clérigos ya
no se aprovechaban de ellos...» «y como
no sabían leer estábanse muchas horas...» y
«esto no lo rezaban donde de fuera las oye-
sen: Dios tomaría su intención y trabajo—termina diciendo—que pocas verdades debían
decir».

De cómo tendría su ánimo dispuesto a la
complacencia, Santa Teresa, da una idea el
siguiente hecho: Estando un día en oración,
en el convento de Avila, se llegan, en pro-
cesión a ella las religiosas, cantando una le-
trilla, para que las libre el Señor de una
plaga de insectos, que se criaban en la gro-
sera jerga que vestían:

«Pues nos dáis vestido nuevo
Rey celestial,
Librad de la mala gente
Este sayal».

La gran contemplativa, en lugar de impacientarse, de las monjas (y de los insectos), les ayuda en su petición, improvisando al mismo tono unas estrofas, como las siguientes:

«Pues vinísteis a morir
No desmayéis;
Y de gente tan *civil*
No temeréis».

. . . .
. . . . ,

«Inquieta este mal ganado
En la oración,
El ánimo mal fundado
En devoción.
Mas en Dios el corazón,
Tened igual».

Pero donde se revela, de mano maestra, el ingenio festivo de la Santa, su sátira elevada, de la mejor ley, es en el *Vejamen*, que por mandado del Obispo de Avila, D. Alvaro de Mendoza, dió a cuatro personajes de su más alta estimación: a D. Francisco de Salcedo, el «caballero santo»; al P. Julián de Avila; al mismo San Juan de la Cruz; y a D. Lorenzo de Cepeda, hermano de Santa Teresa.

Versaba el ejercicio, o certamen literario-teológico, sobre aquel verso que trataba de cómo ha de buscarse el alma en Dios:

Alma, buscarte has en mí.

D. Lorenzo de Cepeda contestó con un trabajo adornado de textos latinos, poniendo aquello de San Pablo: *¡Oh altitudo divitia-rum...* hasta *quoniam ex ipso, et per ipsum, et in ipso sunt omnia.* Y terminaba dando la respuesta en verso.

Santa Teresa dió este *vejamen* a su hermano:

«Le agradecemos mucho sus coplas y respuesta. Que si ha dicho más que entien-de, por la recreación que nos ha dado con ellas le perdonamos la poca humildad en meterse en cosas tan subidas».

A D. Francisco de Salcedo le decía:

«Yerra en poner tanto que Dios está en

todas las cosas. Que sabedor es Dios que está en todas las cosas»..... *Buscarte has en mí* quiere significar algo más.

«También dice mucho de entendimiento y de unión. Ya se sabe que en la unión no obra el entendimiento. Y si no obra, ¿cómo ha de buscar el alma?»... «Cita el salmo 85: *Oiré lo que habla en mí el Señor*, pero no viene bien, porque la letra no dice *oigamos* sino *busquemos*.

«Y lo peor de todo es que después de venir todo el papel diciendo: Este es el dicho de San Pablo, este del Espíritu Santo... dice que ha firmado necedades».

La Santa acaba por amenazarle, graciosamente, porque lo denunciará a la Inquisición, «que está cerca».

Al P. Julián de Avila le dice:

«Comenzó bien y acabó mal, porque no le piden que diga de la luz increada y de la creada, cómo se juntan, sino que *nos busquemos en Dios*».

...«Mas yo le perdono sus yerros—aña-

de—porque no fué tan largo como mi Padre
Fr. Juan de la Cruz».

Y a este varón santo le da el mayor y
más gracioso *vejamen:*

«Harta doctrina—le dice—hay en su respuesta, para quien quisiere hacer los ejercicios que hacen en la Compañía de Jesús,
mas no para nuestro propósito.» ...«Caro
costaría si no pudiéramos buscar a Dios, sino
cuando estuviéramos muertos al mundo. No
lo estaba la Magdalena, ni la Samaritana, ni
la Cananea, cuando lo hallaron!...» ...«Dios
nos libre de gente tan espiritual, que todo
lo quiere hacer contemplación, dé donde die-
re.» ...«Con todo, le agradecemos el haber-
nos dado, tan bien a entender, lo que no
preguntamos»...

Y terminaba el *Vejamen* diciendo Santa
Teresa al Obispo de Avila:

«Mande Vuestra Señoría que se enmien-
den...» «Todos son tan divinos esos señores,
que han perdido por carta de más»...

Mucho tiempo después de la muerte de

la Santa, se ha publicado una poesía, indudablemente suya, donde se da la respuesta adecuada al certamen que perdieron tan «divinos señores», con un ingenio y una gentileza tan grandes, como difíciles eran los conceptos que allí habían de jugar.

He aquí algunos versos:

«Si te perdieres, mi amada,
Alma, *buscarte has en Mí.*
. . . .
Y si acaso no supieres
Donde me hallarás a Mí,
No andes de aquí para allí
Sino, si hallarme quisieres,
A Mí, *buscarme has en tí».*

No se puede negar que Santa Teresa popularizó, hasta donde es posible, la más alta y escondida de las ciencias: la Teología mística.

El pueblo entiende a quien le habla en su lenguaje. Santa Teresa escribía como se hablaba en su tiempo, castiza y llanamente, lo cual no quiere decir bajamente. Se puede andar con majestad por el llano, y andar a la rastra por las alturas de la montaña.

Además, la *fémina que se metió a escritora*, poseía el lenguaje que da una educación esmerada, y la claridad que da un talento y una imaginación privilegiados. «Los doctores más reputados de aquel tiempo—ha dicho el Pontífice Pío X—estaban llenos de admiración ante el genio de esta mujer, que había sabido condensar en un elegante tratado, las doctrinas, hasta entonces oscuras y raras, de la Teología mística».

El pueblo cristiano estaba también lleno de admiración ante esta mujer, que si se elevaba a las regiones de la mística, explicaba ingénuamente su ascensión; si edificaba castillos interiores del alma, edificaba conventos; y si se consagraba a la contemplación, no se olvidaba de la caridad para con su prójimo.

Hay otro encanto en la vida y en los escritos de Santa Teresa, que el pueblo, con su certero instinto ha adivinado claramente:

la naturalidad. Ni en su trato, ni en su lenguaje usó jamás afectación ni artificio alguno. Es más, parece que tenía innata aversión a todo lo que, de cerca o de lejos, tuviera visos de pedantería. Hablándole en una ocasión, una monja, de San Elías y de los asirios, le contestó Santa Teresa diciendo: «que como no era tan *letrera* como ella, no sabía lo que eran los asirios.»

Otra vez, la víspera de tomar el hábito de carmelita, le decía una joven: «Madre, también traeré una *Biblia* que tengo»—«¡Biblia—respondió la Santa—hija, no vengáis acá, que somos mujeres ignorantes, y no tratamos más de hacer lo que nos mandan, que ni queremos a vos ni a vuestra *Biblia*»

A la que había de ser modelo en la literatura le preocupaba tan poco el atildamiento al escribir, que en una carta a su hermano, le dice: «si faltan letras, póngalas».

En una ocasión, refiriéndose a una carta que le había escrito la priora de Sevilla, adornando el texto con alguna cita latina,

dice Santa Teresa: «Muy buena venía (aquella carta) si no trajera aquel latín. Dios libre
a todas mis hijas de presumir de latinas...
Harto más quiero que presuman de parecer
simples... que no tan retóricas».

A otra monja grave, a quien dió a copiar
unas coplas la Santa, y manifestó cierta ex-
trañeza, como si fuera ocupación indigna de
la venerable madre, tal entretenimiento, la
dijo, medio en broma, medio en veras: «Todo
es menester para pasar esta vida, no se es-
pante». De seguro que la buena monja ya
supo a qué atenerse, para cuando la fueran
otra vez con coplas.

Las cartas de Santa Teresa, modelos del
género epistolar, respiran gracia todas ellas
y están sazonadas con tal sal de prudencia
—se ha dicho—«que al más fastidioso lector
deleitan con utilidad». En una que escribió
a su hermana, doña Juana de Ahumada, estando esta señora con su familia en Galinduste (de nuestra provincia de Salamanca)
la dice: «Parece que están en el otro mundo,

en estando en ese lugar. Dios me libre de él»...

Supongo que los de Galinduste no tomarán a mal esta gracia de la santa.

Lo que dijo fray Luis de León del castellano de Santa Teresa, puede decirse como resumen de toda su figura, de todo su proceder: «Era la misma elegancia».

La semi-ciencia, la mediocridad las cambiaba sin vacilación, y daría dinero encima por una humilde ignorancia. Es típico lo que dijo de los medio letrados.

He aquí sus palabras: «Tengo grandísima experiencia... de unos medio letrados espantadizos, porque me cuestan muy caros».

Y no sólo se duele Santa Teresa del daño particular que hicieran en su alma los semisabios de la confesión, se lamenta, en general, de los medio letrados de la doctrina entera de la fe. «¡Oh, Señor—dice en una exclamación magnífica—mirad que entienden al revés vuestras palabras!»

Y refiriéndose a los que apartaban a las

almas de la vía austera de la oración por temor a ciertos peligros, decía, con la clarividencia de su talento:

«Huir del bien por librarse del mal, nunca yo tal invención he visto».

Pero en este punto estamos hoy como hace tres siglos. Recientemente, una autoridad en la ciencia mística, el padre Arintero, alumno que ha sido de esta Universidad, citaba un caso gracioso. Un predicador, un pobre fray Gerundio, dirigiendo unos ejercicios espirituales en una respetable comunidad, les aconsejaba a las buenas religiosas que se apartaran de los caminos escabrosos de la mística y de la ascética, y se fueran por el camino llano y trillado, por la carretera por donde van las vacas. Y para dar mayor fuerza al argumento, como si fuese una sentencia escrituraria o patrística, lo ponía en latín, diciendo: *Ite per viam vaccarum!...*

Y debe de tener mayor trascendencia de lo que parece, y estar muy generalizado en

ciertas esferas ese... *per viam vaccarum,*
cuando el general de una Orden religiosa ha
tenido que lamentarse de que hubiera ministros del Señor, religiosos tan tocados del
espíritu racionalista, que hablaran del *misticismo* como si fuera algo nebuloso y fan-
tástico, inaccesible a las almas que cami-
nan por la vía de la perfección.

Y menos mal, si ya los medio letrados
de ahora, no mandan a sus subordinados en
lo espiritual, hacer aquellas muecas de desprecio, a las visiones de Jesucristo, como
hicieron con Santa Teresa, cosa que dió
tanto horror y tanta pena al maestro Avila,
cuando lo supo.

Todo aquel castillo de naipes que levan-
taron los teorizantes de la teología, sobre
si eran pinturas diabólicas o visiones divi-
nas, lo deshizo de un soplo el docto domi-
nico P. Báñez, diciéndoles: «adonde quiera
que veamos la imagen de nuestro Señor es
bien reverenciarla, aunque el demonio la
haya pintado, porque él es gran pintor, y

antes nos hace buena obra, queriéndonos hacer mal, si nos pinta un crucifijo o una imagen tan al vivo, que la deje esculpida en nuestro corazón».

El gran San Pedro de Alcántara en una carta a Santa Teresa la escribe estas enérgicas palabras: «me espanté que vuestra merced ponía en parecer de letrados lo que no es de su facultad, que si fuera cosa de pleitos, o caso de conciencia, bien era tomar parecer de juristas o de teólogos, mas en la perfección de la vida no se ha de tratar sino con los que la viven...»

Bien se deja comprender que si esto se decía a la Santa, quien por obediencia y humildad consultaba, los que debían aplicarse la lección eran los que daban su parecer en lo que no entendían, los que disertando mucho sobre la perfección de la vida no la viven.

«Nuestros teólogos—decía nada menos que Melchor Cano—disertan largamente acerca de muchas cuestiones, que ni los jóvenes pueden entender, ni los viejos sufrir».

Para aquellos disputadores sempiternos no se ha escrito la sabia sentencia del *Kempis:* «Más quiero sentir la compunción que saber definirla».

Ni aquella otra: «¿Qué te aprovecha disputar sutilmente acerca de la Trinidad, si falto de humildad la desagradas?»

En esto de la humildad hay que oir lo que dice la gran maestra de ella, Santa Teresa. Compara al alma humilde con la abeja, que todo su alimento lo convierte en miel, y al alma no humilde, con la araña, que todo lo que le alimenta lo convierte en veneno. Es una asimilación de lo de fuera en lo de dentro de nosotros mismos, de renunciamiento en un caso, de egoismo en el otro.

En la filosofía popular hay una frase que encierra la misma idea:

De una persona sin humildad, que se engríe por cualquier cosa, dice el buen sentido del pueblo, que «todo se lo convierte en sustancia». Y esta sustancia no suele ser la miel que endulce la vida, sino algo de veneno que amargue la existencia de los demás.

Pero la humildad no consiste—añade Santa Teresa—en tener pensamiento ratero y ánimo cobarde. Este es un error muy general. El vulgo, ilustrado y no ilustrado, cree que si algún santo ha sido un genio, ha poseído gran talento, ha debido apagar las luces humanas de su entendimiento, para no ver más que con los ojos cerrados de la fe. Por eso, sin duda, sorprende tanto, a la generalidad de las gentes una Santa Teresa, un San Agustín. Esas buenas gentes desconocen el consejo evangélico de que la luz no debe ocultarse bajo el celemín.

Afortunadamente ha pasado el tiempo de considerar como «cosa de beatas» el estudio de la vida de los Santos, de los escritos de los místicos. Modernamente se han hecho estudios interesantes, sobre la psicología so-

brenatural, que así la llama un sabio religioso benedictino.

El mismo Pontífice Pío X admite este
movimiento intelectual, aunque no parece
estar conforme con el título que le dan algunos a la nueva ciencia, pero la señala una
orientación en la doctrina de Santa Teresa.
He aquí las palabras del Papa: «Que todos
los que actualmente se ocupan de la psicología mística, como ellos dicen, no se aparten
nunca de los principios expuestos por tan
excelente maestra!»

~ ~ ~

Es para esta tierra de Castilla de gran
honor que tengamos en nuestra lengua un
modelo de literatura clásica, al mismo tiempo que una fuente del pensamiento, a que
tienen que acudir, cuantos modernamente
quieren saber algo de la más alta y escondida de las psicologías. El maestro de la filosofía alemana Rodolfo Eucken, nos decía

hace poco al recibir la obra de *Las Moradas.*
«es de un gran valor para mí este libro y lo
tendré con el honor que merece».

Hoy ha comprobado la medicina contem-
poránea que los *cuatro casos de melancolía*
que analizó Santa Teresa, adelantándose *tres
siglos* al saber de su tiempo, son perfectamente científicos. Por cierto que ese capítulo
en que trata la Santa de la melancolía, lo
escribió a ruegos de sus monjas del convento
de Salamanca. Es un dato quizá interesante
para la psicología de una ciudad.

Acostumbraba Santa Teresa, muchas veces, a explicar las cosas del espíritu, por
medio de semejanzas con el agua. Decía, en
una ocasión, que el fuego del amor de Dios
es dominador de todos los elementos del
mundo, aunque sean sus contrarios, y que
así como el fuego material, cuando es muy
fuerte, con poca agua no sólo no se apaga,
sino que se enciende más. Y exclamaba:
«¡Quién supiera filosofía para poderlo explicar! Ahora creo que la química lo explicará

por la disociación de los elementos del agua, el uno comburente, y el otro combustible en grado sumo. Pero ¡qué instinto filosófico no supone el deseo de explicarse esa propiedad notable del agua! Y ¡qué semejanzas no hubiera sacado Santa Teresa para las cosas del espíritu si hubiese alcanzado a conocer la descomposición química del agua!

Otra de las semejanzas admirables que puso la gran mística para explicar las luchas espirituales del amor divino, fué con el juego de ajedrez. «Pues creed—dice—que quien no sabe concertar las piezas en el juego del ajedrez, que sabrá mal jugar, y si no sabe dar jaque no sabrá dar mate»... «¡Y cuán presto, si mucho lo usamos, daremos mate a este Rey divino, que no se nos podrá ir de las manos, ni querrá!»

Después dice que la *dama* es la que más guerra le puede dar al Rey, y concluye que esta *dama* es la *humildad*.

En este símbolo del juego de ajedrez está toda la característica del misticismo castellano de Santa Teresa, que lo distingue del misticismo italiano de San Francisco de Asís. En el primero la dama se llama *Humildad*, en el segundo es *Madonna Povertá*, su nombre...

El medio ambiente, la herencia, que como factores humanos han de ser tenidos en cuenta en la formación de los Santos, se nos presentan bien diferentes en uno y otro caso.

Bajo el sol de Italia, ante aquellos escenarios de una naturaleza que parece toda ella convertida en arte, y en plena Edad Media, del poder señorial y de casta, la riqueza era quizá el mayor valor humano.

El seguidor de la ciencia escondida de la salvación, lo primero a que tenía que renunciar era a los bienes materiales, la *dama* de sus pensamientos, en la caballería andante de su ideal religioso, había de ser la *Pobreza*.

Es famosa por su intensidad dramática la escena en que el padre de San Francisco, hombre rico, lleva a su hijo ante el Obispo de Asís, para que le amoneste por la prodigalidad con que reparte sus bienes a los pobres. San Francisco se despoja allí mismo de todo cuanto le pertenece, hasta de su traje; se lo entrega a su padre, y le dice: «¡Ahora sí que podré decir, ante Dios, *padre nuestro que estás en los cielos!*»

Pensemos, en cambio, en la meseta central de Castilla, en la austera Avila, donde hasta el arte de los hombres, en torreones y murallas parece convertirse en naturaleza, de rocas vivas, vegetando en musgo. Los hidalgos, en la entrada de la Edad Moderna, no conservan de su pasado de riquezas y poder, más que los pergaminos, el orgullo de los honores. El valor humano se ha convertido en humo.

La hija de los Cepedas y los Ahumadas, la mística castellana, lo primero a que tiene que renunciar es al orgullo de los nobles, la dama a quien tiene que rendir homenaje, la que ha de enamorar al Rey divino, es la *Humildad.*

En cierta ocasión, viéndose obligada una carmelita a salir de la Orden por exigencia de sus padres, que eran nobles, dijo Santa Teresa: «¡Vaya con Dios! Él me libre de estos señores, que todo lo pueden, y tienen extraños reveses». Con esta tranquilidad de ánimo había llegado al perfecto menosprecio de la vanidad de los linajes.

Limitándonos al misticismo castellano, que es el que nos toca más de cerca, ahora como hace tres siglos, la virtud fundamental que más nos corresponde es la humildad. El tipo del hidalgo, pobre de cultura, vacío de ideas, huero de sentimientos, indigente de voluntad, pero lleno de humo en la cabeza, perdura entre nosotros.

Y como es fuerza terminar de algún modo, pues es imposible querer encerrar en una conferencia la psicología sobrenatural que llena las obras de la Santa, he aquí, en extracto, el maravilloso símil del gusano de seda, desde que se presenta en la simiente como una arenilla negra y fría hasta que se convierte en mariposa cálida y blanca.

...Es — dice — como el gusano de seda nuestra alma, que «muerta en su descuido y pecado», comienza a tener vida cuando con el calor divino se aprovecha del auxilio que a todos nos da Dios.

Vase sustentando en esto y con buenas meditaciones hasta que crecido el gusano comienza a labrar la seda y edificar el capullo a donde ha de morir.

Es que nuestra vida es Dios, y en Él está nuestra morada.

¿Fabricar nuestra morada y ser Dios esta morada? Sí, pero no ha de ser que podamos quitar ni poner nada de Dios, sino «quitar de nosotros mismos». Como esos gusanos que van dejando su propia sustancia para convertirla en seda. No tenemos más que poner este trabajo, tejer este capullo, quitando el estar asidos a cosa alguna de la tierra—como el capullo suspendido en el aire por los hilos de la seda.—

Una vez muerto el gusano de nuestra alma, en el capullo de la morada divina, sale una mariposa blanca.

Ella misma no se conoce en su transformación, «se querría deshacer», en agradecimiento al autor de su vida.

¡Ver el desasosiego de esta mariposa blanca! Es que no sabe a dónde posar y hacer su asiento. Le han nacido alas; ¿cómo se ha de contentar de andar paso a paso pudiendo volar?...

Así, por ese estilo, va discurriendo Santa Teresa, en su lenguaje, de las cosas de oración, para que sus monjas lo entendieran mejor—como ella dice—«que de otra manera más elevada tratadas, no era propio de mujeres».

Y esto lo dice la escritora, que está considerada hoy, por la opinión de los hombres más cultos, como el único entendimiento femenino, que por la fuerza de su expresión puede ponerse al lado de los más grandes escritores de la humanidad. Es decir, que se trata, aun bajo el aspecto humano, del entendimiento más varonil que ha anidado en cabeza de mujer.

Para terminar, voy a hacer constar un caso antiguo y otro nuevo, que redundan en honra de esta Universidad.

El caso antiguo es el del *doctorado místico* de Santa Teresa. En la edición de Bruselas, de las obras de la Santa, publicadas el año 1675, aparece un medallón, que dice, que por la excelencia de aquellos escritos, y con la aprobación de Urbano VIII, por la Universidad de Salamanca se le concedió el doctorado a Santa Teresa. En otros documentos consta que siete catedráticos de Teología de la Universidad informaron de la ciencia infusa de la Santa.

Con estos datos se entabló una discusión, que casi se puede decir ha durado tres siglos. Los unos no sólo atribuían a Santa Teresa el *doctorado místico* de la Iglesia, sino el *académico* de la Universidad.

Los otros negaban una cosa y otra. En

lo *académico,* estos últimos tenían razón; no hay motivo serio de ninguna clase para hablar de que Santa Teresa recibiera grados universitarios; en lo *eclesiástico* se fundaban en que no existía declaración expresa pontificia para ello. Otros sostienen que basta un consentimiento tácito.

Hoy no debe caber duda alguna respecto del *doctorado místico* de Santa Teresa cuando el Papa Pío X ha dicho textualmente: «A cuán justo título le ha discernido la Iglesia los honores reservados a los doctores».

La Universidad de Salamanca debe computarse entre sus méritos el de haber contribuído a la concesión de ese doctorado.

El caso nuevo a que hice referencia es el siguiente: ocupándose una revista de Madrid en los homenajes dedicados a Santa Teresa en el actual *centenario,* decía con gran acierto irónico: «¿Qué culpa tiene la gran escritora de haber sido santa?» Y llamaba la atención, con elogio, sobre el caso notable de que, tratándose de una gloria intelectual de España, fuera de las fiestas religiosas, no se hubieran hecho otros homenajes literarios, que los celebrados en esta nuestra Universidad, organizados por el Ateneo de Salamanca.

Conste que en el ambiente universitario salmantino, no se ha perdido el espíritu, que ha permitido ensalzar a una gran escritora, aunque para los intolerantes de la izquierda haya cometido el delito de ser santa.

A los que profesamos a Santa Teresa el doble culto a su santidad y a su literatura, séanos permitido también manifestar nuestra creencia, de que con esa doble devoción, no sólo no negamos a nuestra patria, sino que la afirmamos con doble convencimiento.

Que Santa Teresa, y con ella nuestros grandes místicos del siglo xvi, al consagrar la lengua castellana en formas inmortales, hicieron patria, manteniendo el espíritu de la raza en ambos mundos mientras viva el idioma español.

San Juan de la Cruz [1]

Tratando en una ocasión de elegir entre San Juan de la Cruz y Descartes, decía D. Miguel de Unamuno, que elegiría a San Juan de la Cruz. El profesor de la Universidad de Madrid, D. José Ortega y Gasset, elegía a Descartes.

Y hablaba del «lindo frailecito de corazón incandescente que urdía en su celda encajes de retórica extática».

Y de que, sin Descartes, nos quedaríamos a oscuras y no veríamos el pardo sayal del santo carmelita.

Yo pienso que no es inverosímil supo-

[1] Conferencia leída, como la anterior, en la Universidad de Salamanca. De las organizadas por el Ateneo.

3

ner que haya, en cierto modo, sucedido algo de lo contrario. Es decir, que del pardo sayal brotase alguna luz que haya iluminado a Descartes.

Medio siglo antes de nacer Descartes, vivía en Medina del Campo, de enfermero en el hospital, el joven Juan de Yepes, casi un niño, de talla exígua, pero de alto pensar, corto en palabras y dilatado en obras de bien. Adoraban en él los enfermos. Y hasta el poderoso señor, administrador del santo hospital, D. Alonso Alvarez de Toledo, rindió su admiración ante aquel joven extraordinario, otorgándole plena confianza y decidido patrocinio.

Y precisamente entonces era médico de Medina el famoso filósofo español Gómez Pereira, uno de los indudables precursores de Descartes, sobre todo en la teoría de los *animales máquinas,* y en el célebre principio *cógito, ergo sum.*

No cabe duda de que entre el enfermero místico y el médico filósofo habría

un intercambio espiritual, una influencia re-
cíproca intelectual que permiten creer que
la luminaria de Descartes, por mediación
de Gómez Pereira, recibiera efluvios filosó-
ficos que habían estado en contacto con
el pardo sayal.

Mucho antes que el filósofo de Turena
tomase el pensamiento como razón de la
existencia, el enfermero del hospital de Medina afirmaba que «un pensamiento del
hombre vale más que todo el mundo».

Creo que sin Descartes no nos hubiéra-
mos quedado a oscuras. Y si tal cosa hubiera ocurrido, quien acertó a ver tan ma-
ravillosamente en la *Noche oscura del alma*
no necesitaría muchas luces ajenas para
moverse a sus anchas en las tinieblas.

¡Cuántos que entre Descartes y San
Juan de la Cruz no vacilan en optar por
Descartes, no sabrían a qué atenerse entre
los dos, o más bien, se quedarían sin ninguno si tuvieran idea de aquellos escritos
del filósofo francés en que trata del «amor

de Dios» con la fraseología de un teólogo!
Me refiero al vulgo ilustrado que no tiene
más noción de Descartes que la famosa
«duda» como principio del método filosófico.

El caso del docto profesor de la Central, antes citado, es muy distinto. Hay
gente de positiva cultura que desconoce la
importancia intelectual de nuestros grandes
místicos. No los leen.

Existe, además, otro caso. Es que en
las iglesias del libre-pensamiento hay también su *Indice de libros prohibidos*. Y lo
que no sabemos es si dentro de esas iglesias existen *licencias* de lectura, como en
la católica, para quien justificadamente la
solicita, a los fines de su mayor ilustra-
ción.

Por desgracia, dentro del catolicismo tenemos también bastantes ejemplares de
gentes, que lo que pueden y deben leer,
no leen; analfabetos, no ya de toda letra heterodoxa, sino lo que es infinitamen-

te peor, de todo pensamiento sustancial y genuinamente católico, contenido en los escritos de nuestros grandes autores.

Otra sería la suerte del llamado problema religioso en España, si los... radicales de la izquierda, y los de la derecha, supieran a ciencia cierta lo que esencialmente es el pensamiento católico, al que creen combatir los primeros, y defender los segundos, a capa y espada...

Si de algo pudiera servir presentar a grandes rasgos la silueta simpática de una figura como la de San Juan de la Cruz, siquiera para aficionar a los estudiosos al conocimiento directo de lo que pensaron esos hombres representativos del catolicismo, estará ya justificado el presente trabajo.

Pero lo más propio de una labor, de investigación, será ofrecer la fisonomía intelectual de San Juan de la Cruz a la atención de los filósofos.

Y empleo esta palabra en el sentido menos pretencioso, en el más antipedante que se pueda imaginar.—«Yo no sé ni ciencia ni arte—decía un griego—soy filósofo». Y otro añadía: «Aquel que es sabio no necesita filosofar; los ignorantes tampoco, porque adolecen precisamente del inconveniente de estar contentos de sí mismos, y no desean aquello de que no se creen desprovistos»—. Esto lo dijeron quienes sabían lo que era filosofar.

Y en este sentido supongo agradará a los lectores que no los considere como sabios, y mucho menos como ignorantes, sino como *filósofos* a quienes interesa la más alta y escondida de las filosofías, que es la *mística*. Si aun así os apesadumbra algo la palabra *filosofía*, llamadla *filocultura...*

Hoy se estudian con el mayor interés las figuras eminentes de la mística y de la ascética, y se buscan con el mayor afán, lo mismo aquel manuscrito del *Liber sororum de sub tilia,* de aquellas solitarias del siglo XIV, llamadas las hermanas *unterlinden* (*bajo los tilos*) de Colmar, que las *Vidas* de los anacoretas de la Tebaida, resucitadas ahora mismo nada menos que por la pluma de un cronista tan mundano y parisiense como Gómez Carrillo.

Hoy edita la casa Nelson, de Londres, en castellano, las *Moradas,* de Santa Teresa, y la casa Michaud, de París, también en castellano, *El cántico espiritual,* de San Juan de la Cruz. Y las *Fioretti,* de San Francisco, traducidas elegantemente en francés, se hallan en manos de todas las damas, que leen libros, en París.

Y aunque en otro orden de ideas, pero hacia la misma orientación de espíritu, es de notar la serie de conferencias sobre el «más allá interior» que han dado recientemente miembros eminentes del Instituto de Francia y de la Sorbona, como Boutroux.

Además, como una desviación, pero al cabo movimiento místico, más o menos heterodoxo, están hoy a la orden del día las

obras de Jacobo Boehmen, aquel pobre za-
patero teósofo de Goerlitz, a quien Hegel
consideraba como el fundador de la filosofía alemana; y como una parodia de misticismo lo que prueba la importancia de
éste, resurge actualmente el ocultismo, con-
tando entre sus adeptos a antiguos positi-
vistas, como el célebre físico inglés Guiller-
mo Crookes, y el italiano Lombroso.

Y la cátedra del profesor de Jena, el
ilustre Eucken, está siendo una especie de
la Meca, donde acuden estudiantes de todas las partes del mundo a escuchar las
lecciones del filósofo, que dice: «Me interesa más la emergencia en nueva vida del
alma más humilde, que el nacimiento o
invención de mil mundos»...

A todo esto ¿qué hacíamos en España
con nuestros grandes místicos del siglo xvi?
Repetir sus biografías, estilo de panegíri-
cos, o «vidas» con *tesis,* obras oratorias
más o menos bonitas, como las estampas
de santos pintados entre nubes, en éxtasis

perpetuos, sin que nos den idea de la labor heróica de aquellas almas, que en las acciones más ordinarias y pequeñas de cada día, han labrado, como orfebres del espíritu, la obra de arte de su vida semi divina.

Se lamentaba Menéndez Pelayo de la «admiración irracional» de los *devotos,* remedadores empalagosos de los grandes místicos, cuyas venerables fisonomías confunden con una tinta borrosa y uniforme.

«Gentes que juzgan con su estrecho y entenebrecido criterio, como una herejía» (son palabras del ilustre polígrafo) el que se estudie dentro del fondo común de las especulaciones de los místicos, y supuesta la influencia sobrenatural, las disposiciones humanas que distinguieron a cada uno de ellos, con el influjo de la educación, de la raza, del medio filosófico en que vivieron. A nadie sino a los que reniegan de la facultad de pensar se les ha podido ocurrir rechazar la deuda de gratitud, ni maldecir de los que educaron, en lo humano, el pensamiento de los místicos.

No digo yo que lleguen a tanto, pero tocados inconscientemente, al parecer, de esa manía, repiten los biógrafos de San Juan de la Cruz, al hablar como de pasada de sus estudios: «fué enviado por los superiores a nuestro colegio de Salamanca a estudiar Teología».

No he visto ninguno que hable de la Universidad. Sólo en un prólogo biográfico, muy bien escrito, por cierto, el de la edición castellana, que he citado antes, hecha en París, se dice que estudió en la Universidad, pero la autoridad del prologuista no es muy fehaciente, porque le importa poco también hacer de Fontiveros un pueblo de la provincia de Salamanca, y nos hace con ello el honroso regalo de un paisano insigne, a los salmantinos, con San Juan de la Cruz.

Pensando yo que era algo extraño ve-

nir «a estudiar a Salamanca» en pleno siglo xvi, y no cursar en la Universidad, me
tomé el trabajo, eficaz por su resultado,
de rebuscar uno por uno, entre los miles
de matriculados (en los cursos de 1563 a
1567), el nombre de Juan de San Matías,
que había adoptado al ingresar en la Orden Juan de Yepes Alvarez. En esos viejos libros de matrícula de nuestro archivo
universitario, encontrar un nombre no re-
gistrado todavía, entre aquellas listas de
renglones torcidos, sembrados de abrevia-
turas, con una deliciosa libertad ortográfi-
ca, es empresa de esforzados varones de
otros tiempos, o de bibliófilos, o eruditos
beneméritos del presente.

Yo no sé qué secreto impulso me sos-
tuvo los ánimos en aquella empresa tan
ajena a mis aptitudes.

Comprendo el grito de Arquímedes.
¡Allí estaba... *Juan de Santo Mathia, del
Monasterio de Nuestro Señor San Andrés,*

natural de Hontiveros (I). Y matriculado entre los *artistas,* y durante los tres cursos
seguidos de 1563 al 66 inclusive!

Estudió durante esos tres años las artes liberales, y a los que cursaban esos
estudios se les llamaba *artistas.*

Sólo en el curso de 1567 estuvo matriculado como *teólogo.* Conste, pues, que
San Juan de la Cruz ha sido alumno de la
Universidad de Salamanca, y hora es ya de
que suene su nombre en esa lista gloriosa
de hombres célebres, que nos sabemos de
memoria, con bastante más justicia que algunos ilustres señores, cuyo mérito no se
sabe a punto fijo en qué consiste.

Sería ridículo afirmar que por haber es-
tudiado artes en Salamanca fué tan grande
artista San Juan de la Cruz, pero ya no
es tan ridículo pensar en la simpática nota
que da la coincidencia de figurar tres años

(1) La F del «Fons-Tiberii» latino, se había convertido en H.

entre los *artistas* quien lo era de nacimiento y de alma, y de verlo matricularse un solo curso en *Teología escolástica* a quien había de ser maestro en esa *meta-teología* que es la mística, en esa *ciencia escondida*, que no se aprende en las aulas.

Su hermano Francisco de Yepes dijo de él que «había aprendido mucho en Salamanca».

Yo quiero suponer que fué algo más que aquella teología del colegio de San Andrés a la que, dicen los religiosos biógrafos, le enviaron a estudiar los superiores a nuestra ciudad.

Creo que en aquel ambiente universitario de Salamanca, en pleno siglo XVI, se educó el pensamiento filosófico de Juan de la Cruz. Y no incurriré en la pedantería de clasificar los sistemas, para poner dentro del marco de una escuela determinada una filosofía que trasciende de todos los sistemas. He aquí un dato de esa especie de pedantería notable y gracioso: en las pri-

meras ediciones de las obras del gran místico, una mano escolástica tuvo la orto-
doxa osadía de interpolar frases y palabras,
para que el texto se acomodara a un sentido de doctrina determinado. Ahora están
haciendo una edición crítica, seria, en Toledo, y los mismos Carmelitas que la di-
rigen han tenido que volver el texto a su
sentido verdadero y auténtico, borrando los
toques de brocha gorda del *sistemático* co-
rrector.

Acaso sería éste uno de aquellos de
quienes decía enérgicamente Fray Luis de
León: «Con un pequeño gusto de ciertas
cuestiones, contentos e hinchados, tienen
título de maestros teólogos, y no tienen la
Teología».

Como ejemplo de la confianza que tenía Juan de la Cruz en la realización de
la Filosofía, citaré este hecho: «En una
ocasión, en que siendo superior en la Orden tuvo que decidir de la admisión de
un aspirante a religioso que adolecía de

mal olor de boca, no dió su beneplácito diciendo: «es regla de filosofía, que las costumbres del alma signen al temple y complexión del cuerpo». Y esta frase confirma las relaciones intelectuales del enfermero y el médico del hospital de Medina. Esa es una filosofía médica.

De más altos vuelos metafísicos era la filosofía característica de Juan de la Cruz. Se ha dicho con verdad que «la poesía y la música son las formas que la metafísica debe tomar para expresarse lo menos inadecuadamente posible». Algo de esto vislumbraba ya en su tiempo Campoamor cuando en su discurso de entrada en la Academia Española puso este tema: «La metafísica, limpia, fija y da esplendor al idioma».

Yo me permito creer que la música y la poesía, y la prosa de San Juan de la Cruz, son la expresión adecuada de una metafísica imposible de mejor exposición en el lenguaje convencional de las escuelas y los sistemas de filosofía.

De su poesía se ha dicho mucho y bueno. De su prosa, he aquí lo mejor que he leído:

«Es la prosa más sutil y atormentada, más pulida y agudizada que existe en castellano, y con ella no menos suelta y agil que la de Luis de Granada, el afluente; ni menos varonil que la de Juan de Avila, el implacable; ni menos entonada que la de Luis de León, el horaciano; ni de menos elegante graveza que la de Juan de Mariana, el clásico» (1)

De su música no se ha dicho nada, porque no se ha visto que la vida y la obra de San Juan de la Cruz es toda ella una *Canción espiritual*. Y que su poesía es música exquisita; y su prosa es poesía también. Han dejado escrito los que le oye-

---

(1) Alvarez de la Villa.

ron hablar, que su voz tenía el atractivo
del canto de los pájaros. El era a su vez
un encantado cuando oía cantar. En ocasión en que habiendo salvado milagrosa-
mante, como él lo declara, de la prisión
en que lo tuvieron encerrado en Toledo
sus fraternales adversarios, los frailes enemigos de la reforma carmelitana, al pasar
por el convento de religiosas de Veas,
quisieron las pobres monjas obsequiarle, y
no hallaron mejor cosa que cantar ante él
la sentida canción:

«Quien no sabe de penas
en este triste valle de dolores
no sabe de buenas
ni ha gustado de amores
pues penas es traje de amadores».

No pudieron imaginar obsequio más del
alma del místico. De repente cayó en éxtasis, y estuvo fuera de sí por espacio de
una hora ante el espanto de las benditas

4

monjas que no sabían si llorar o alegrarse de haber entonado la canción... ¡No había de saber él de penas, quien había sido maltratado despiadadamente por el delito de querer volver la Orden a su primitiva austeridad!... (La historia no dice si fué denunciado a Roma por *modernista...*)

En otra ocasión, estando enfermo quisieron que unos músicos distrajeran su animo. Se negó a ello diciendo sinceramente que no era bien, que siendo regalado por Dios con los sufrimientos, fuera a olvidarlos, para atender al agrado de la música. Insistieron en su buen deseo los que quizá no sentían el alcance de la verdad en las palabras del enfermo, y éste se resignó al placer de la música. Pasados unos momentos, suplicó que se le diese las gracias a los músicos y se retiraran, declarando que no le dejaban oir otra música interior que escuchaba en el silencio. «La música callada, la soledad sonora...»

Al explicar este verso en su *Cántico*

espiritual, se funda en una frase del *Li-bro de la sabiduría*, que dice: «Este mundo que contiene todas las cosas que Dios hizo, tiene ciencia de voz». Y en esta *ciencia de voz* que tiene el mundo, ve San Juan de la Cruz admirablemente una «música subidísima», que forma el concierto de las voces de todas las cosas creadas, con que cada una muestra *lo que en ella es Dios*.

No creo haya empresa más digna de un filósofo que la de aprender esa *ciencia de voz* que tiene el mundo, que la de escuchar lo que dicen las cosas, lo que en cada una de ellas, en cada hombre *es Dios*. Saber escuchar esa *música* es aprender la *ciencia escondida*. Reducir toda esa alta filosofía a oir una música, es la obra de un *artista* y de un *genio*. Eso es San Juan de la Cruz.

Santa Teresa es el *ingenio* de la mística. Ha hecho popular, con su vida y con sus obras, la filosofía de la ciencia escon-

dida. Aquí mismo, en Salamanca, hasta la
generación anterior a la nuestra, se ha con-
servado un tipo de artesanos—yo los he
oído de niño—que aplicaban a los actos
solemnes o trágicos de la vida, como cosa
de filosafía popular, sentencias de Santa
Teresa.

Se ha dicho con una frase feliz que los
escritos de Santa Teresa son como «pláti-
ca familiar de vieja castellana sentada jun-
to al fuego».

Para hablar así de cosas tan hondas,
se necesita una imaginación admirable. El
símil aquel del gusano de seda que saca
sustancia de sí para labrar su morada, que
es el capullo, y muere y se transforma en
la mariposa blanca, vale por un volumen
in folio, de muchos tratadistas.

Leibnitz ha confesado que de aquel ima-
ginarse Santa Teresa que estaban en el
mundo Dios, y su alma solos, sacó una
importantísima meditación metafísica, que
utilizó en sus obras.

Y Fray Juan de los Angeles, el gran místico franciscano, el psicólogo, el maestro de la «disciplina del amor», el de los diálogos socráticos, me parece ser el *sabio,* el *científico,* en el mejor sentido de la palabra, de la mística. Esos son los tres grandes místicos castellanos.

He dicho castellanos. Los tres han nacido en la famosa, austera meseta de Castilla, avileses los tres.

Recientemente, un franciscano, encargado de publicar en la *Biblioteca de Autcres Españoles* las obras de Fray Juan de los Angeles, ha desvanecido la leyenda de ser de Extremadura este gran místico.

¡Tierra de Avilla, tierra de místicos!

Y es digno de notarse también que fueron contemporáneos. Algo había en el ambiente que producía místicos, que aunque la tierra sea buena, siempre hace falta un buen tempero.

Terminados sus estudios en esta Universidad, fué en Agosto de 1567 Juan de

San Matías a Medina del Campo, donde
al profesar, solemnemente en la Orden, tomó
el nombre de Juan de la Cruz. Allí le
presentaron a Santa Teresa. ¡Y con qué
gracia, como siempre, procedió la vieja
castellana! Necesitando colaboradores activos, entre los religiosos, para emprender su
reforma carmelitana, se le ofreció un santo
varón, un padre grave, de tan buena voluntad como falto de condiciones por su
edad... «Yo lo tuve por cosa de burla—
son palabras de Santa Teresa—y así se lo
dije.» En cambio, los padres graves no
sabían que el cooperador que a pedir de
boca necesitaba la reforma, era un joven
de veinticinco años, que llegaba entonces
de Salamanca. Había un obstáculo que salvar: el recién llegado quería hacerse car-
tujo.

Santa Teresa, que por sus años podía
llamarse madre de aquel mozo de tan aven-
tajado espíritu y rara virtud, no bien tuvo
ocasión de hablarle, como un profeta, lo

acogió con estas palabras: «¡Mi hijo, tenga paciencia y no se vaya a la Cartuja que ahora tratamos de hacer una Reforma de Descalzos de nuestra Orden, y sé yo que se consolará con el aparejo que tendrá en ella, para cumplir todos sus deseos de recogimiento, retiro de cosas de acá, oración y penitencial...» ¿No os parece oir en este acogimiento una cosa así como la recepción que un Quijote del ideal hace de un escudero para la jamás vista aventura de la Reforma, que había de desfacer los entuertos hechos por los malandrines en la Orden de Caballería de la Religión?... Sólo que aquí el escudero es tan alto, tan espiritual Quijote como quien le acoge para tamaña empresa. El caballero andante es más filósofo que el D. Quijote femenino, monja inquieta y andariega, *Dama andante*, que quiso, sin duda, decir aquel señor Nuncio, tan desorientado en achaques de negociaciones místicas.

Cuando Santa Teresa se cansaba de

consultar sin resultado a los titulados maestros teólogos los casos difíciles de su Reforma, acudía a *su Senequita*—como ma-
ternalmente llamaba a Juan de la Cruz—
y éste, como un Séneca, con una sentencia le resolvía las dudas.

Como Don Quijote, «acribillado por el
ridículo, pero invulnerable el desprecio»,
así pasó por la sociedad de su tiempo el
caballero andante de la mística castellana.

Vivía en otro mundo y hablaba otro
lenguaje. Los hombres no saben qué pensar de esos *extranjeros* que se llaman *místicos;* y no sabiendo qué pensar, se ríen
de ellos. «De algo *excéntrico,* que se aisla,
la sociedad se inquieta—dice Bergson—y
se defiende con un gesto, que es su risa».

Pero también, como el Quijote, al pasar a la historia, los caballeros andantes
de la mística están siendo hoy la admiración del mundo intelectual. Tanto es así,
que los que dentro del catolicismo tratamos de ensalzar, como es justicia, a esas

grandes figuras del misticismo, tenemos que defendernos de no estar contagiados de la admiración heterodoxa.

Si no huyera del mal gusto de pasar por erudito, en una conferencia de esta índole, citaría autoridades, por docenas, de los dos campos, que convencerían de lo que afirmo.

Bastará que cite a dos. Un anticatólico: Gustavo Le Bon. En su última obra *Las opiniones y las creencias,* al dar carta de naturaleza a la *lógica mística* en la vida mental dice crudamente: «Radicales, anticlericales, francmasones, todos los sectarios de las tendencias extremas, viven en plena mística».

Y por otro lado, el padre agustino Marcelino Gutiérrez, en su obra sobre el *Misticismo ortodoxo,* ha tenido que declarar, al hacerse cargo de la afición que la crítica racionalista ha mostrado por nuestros místicos, que «alejar de su estudio y afición a la crítica católica será como deducir que la Sagrada Escritura es heterodoxa, porque los protestantes han mostrado por su estudio y divulgarían una afición desordenadísima».

Convencido hasta no poder más de la estolidez que sería *tener miedo* a los místicos, *por miedo al miedo* racionalista, o liberal, o modernista, como se lleva ahora, yo aplico a este caso una frase de Santa Teresa: «Quien os dijere que esto es peligro, tenedle a él por el mismo peligro».

. . . .

Como supongo que entre los cultos ateneistas que me escuchan no habrá nadie que *tenga miedo* al lenguaje de los místicos, voy a leer algo de lo que el mismo San Juan de la Cruz expone, declarando sus *Canciones:* «...no pienso yo ahora—dice—declarar toda la anchura y copia que el espíritu del amor, en ellas lleva...» «...antes sería ignorancia pensar que los dichos de amor e inteligencia mística, con alguna manera de palabras se puedan bien explicar» «...con figuras, comparaciones y semejanzas, antes rebosan algo de lo que sienten (las almas místicas) y de la abundancia del espíritu (como río) vierten secretos y misterios, que no con razones lo declaran...» «...los dichos de amor es mejor dajarlos en su anchura que abreviarlos a un sentido a que no se acomode todo paladar...» ¿No se comprende ya para qué clase de paladares no se ha hecho ese manjar? ¡Mal lo hubiera pasado la *Noche oscura del alma* con censores que hoy se estilan enemigos debeladores de todo lo que les parece oscuridad! «Con figuras, comparaciones y semejanzas... vierten secretos y misterios...» no se puede decir mejor en lo qué consiste el lenguaje propio de los místicos.

El que busque *silogismos*, *definiciones*, para encerrar el pensamiento en *fórmulas*, en *proposiciones* escolásticas, que no lea a los grandes místicos.

Todos ellos reconocen, como manifestación suprema de la razón humana en la vida presente, la *intuición* silenciosa. El Cardenal Nicolás de Cusa llegó hasta relegar a los animales la *razón discursiva,* como facultad inferior al entendimiento, cuyo acto propio es la *visión intelectual.*

Hoy, filósofos que no tienen nada de místicos, dicen más: «El arte de razonar es la ciencia de los pueblos jóvenes, y casi diríamos de los pueblos bárbaros. La sutil dialéctica se aduna perfectamente con las costumbres groseras y con la ciencia limitada; no es más que una máquina intelectual.»

Precisamente esa *super razón* de los místicos, la *intuición*, está ahora a la orden del día. El pensador de más fama mundial, que da hoy el tono desde su cátedra del colegio de Francia, Enrique Bergson, que se distingue por una elegancia de pensamiento tan grande como de lenguaje, es el paladín de la *intuición.* Para él *intuir* no es trasladarse fuera del dominio de los sentidos y de la conciencia, como parece fué el error de Kant, sino «rehacer la percepción primitiva del tiempo habituándose a ver las cosas *sub specie durationis.*» Pongamos *æternitatis*, donde Bergson dice *durationis*, pues para él *duración* es lo contrario del tiempo divisible en instantes, y tendremos la *intuición* de los místicos.

~ ~ ~

Si San Pablo viviera hoy y tuviese que pronunciar otro discurso como el del Areópago de Atenas, podría seguramente dirigirse a los ciudadanos de la república intelectual del mundo y decirles como entonces: «¡He observado vuestra gran religiosidad, pues tenéis altares al *Dios desconocido!*»

Y si San Juan de la Cruz resucitase para continuar el discurso de San Pablo, añadiría, también atrayendo, en lugar de ahuyentar, a tantos espíritus sedientos de

luz de fe que han perdido y que buscan
a tientas, quizá tropezando con piedras
que hacen caer, en vez de encontrarse
con manos amigas que ayuden a levan-
tarse, San Juan de la Cruz les hablaría
del *Dios escondido,* en su lenguaje de encanto: «¿A dónde te escondiste, Amado, y
me dejaste con gemido...?» «...Búscale en
fe y amor, sin querer satisfacerte de
cosa...» «No quieras satisfacerte en lo que
entiendes de Dios, sino en lo que no en-
tendieres de El» «que eso es buscarle en
fe»... «cuanto menos se entiende más se
llega a El»... «La causa de no hallarle, es
que tú no te escondes para hallarle hasta
lo escondido donde está»... De otra suerte,
«por altas y subidas noticias de Dios que
un alma en esta vida tenga no es aquello esencialmente Dios ni tiene que ver
con él»...

¡Qué distancia entre San Juan de la
Cruz y... aquellos maestros teólogos a que
aludía Fray Luis de León, que acaso ten-

drían la noticia exacta, neta, de Dios, encerrada en una *fórmula* entre un *atqui* y un *ergo!*...

Y si Santa Teresa hubiera de poner digno remate al discurso comenzado por San Pablo, les diría a los atenienses del mundo actual lo que les dijo a sus monjas después de exponerlas en cuatro palabras a qué se reducía la perfección: «Y no penséis que hay aquí más algarabías ni cosas no sabidas ni entendidas»...

Y aquí terminaría mi lectura, nunca con palabras mejor aplicadas que las mismas de Santa Teresa si no hubiera cosas no sabidas ni entendidas de las que hay que hablar en el ciclo de estas conferencias. Me refiero al Renacimiento.

Si San Juan de la Cruz, con Cervantes (que nació precisamentee el mismo año), con Fray Luis de León, que vivió todo el tiempo de San Juan de la Cruz (murió en el mismo año también), para no citar más que a los tres nombres príncipes, no representan ellos solos un Renacimiento, yo no sé lo que es Renacimiento.

¿Acaso se quiere dar a entender por *Renacimiento* cierta *Reforma religiosa,* o cierto *Neo-helenismo?*

Aun así, *Reforma religiosa,* intensa y trascendente representa San Juan de la Cruz, y fué la antítesis del *Protestantismo.* Neoplatónicos fueron en gran parte muchos padres de la Iglesia, y tradición neo-helénica tuvo el misticismo durante doce siglos después del *seudo-Areopagita;* y un príncipe de la Iglesia, el Cardenal Besarión, es su representante genuino en el Renacimiento, y no necesitaron para nada volver al *paganismo.* Esto sería una retrogradación del pensamiento.

Precisamente muchas ideas de los paganos no han tenido que sufrir para cristianarse más que el bautismo del nombre. Algunas ni cambiaron el nombre. Así la *mente,* el ser íntimo del alma de los místicos, se puede ver frecuentemente con el mismo nombre en los *Soliloquios* de Marco Aurelio. Quien se sorprenda, o anatematice esta comunidad de ideas, no habrá oido nunca aquello de Santo Tomás: «que la razón de los gentiles es también una participación de la lumbre increada».

Respecto al Renacimiento protestante, cinco volúmenes repletos de datos históricos publicó César Cantú, de los *Heréticos de Italia,* donde demuestra que si el Renacimiento y la Reforma luterana fueron hechos distintos en otros países, en Italia, la patria del Renacimiento, fueron contrarios.

En la Exposición de hace medio siglo en París, se presentó un cuadro con tesis. En el centro, llenándolo todo, Lutero, con la Biblia en la mano; a su alrededor, como figuras secundarias de árbol genealógico, Dante, Shakespeare, Cervantes, Cristóbal Colón, etc... Yo no sé si aquel cuadro tendría un rótulo muy grande que rezara: « Este es el Renacimiento y el del medio es el gallo».

La ocurrencia de poner a Dante como rama del tronco luterano, me recuerda una escena que presencié en esta Universidad, siendo estudiante: Un antiguo bedel, que ya no vive, enseñaba a unos extranjeros aquel Peraninfo escayolado, que ocultaba con tan mal gusto la austera desnudez de esta sala de ahora.

Al observar el inteligente bedel que los extranjeros pugnaban por enterarse de quiénes eran los personajes representados en los medallones, les dijo sin vacilar: «Son los grandes hombres que han salido de esta Escuela: Homero, Colón, Cervantes...»

Dejando a un lado prejuicios de toda especie, creo no cuesta nada confesar que en el siglo XVI hubo un Renacimiento en España. Por lo que toca a la mística, fué una verdadera creación. Desde San Juan de la Cruz acá no hay para qué ser tributarios de la escuela mística alemana de Tauler y Rusbrock.

Y entiendo que los Renacimientos son hechos seculares y se repiten periódicamente, influenciados por multitud de causas históricas, geográficas y quién sabe si hasta cósmicas. Son fenómenos cíclicos.

A partir de la Era cristiana, verdadero *nacimiento* de la humanidad hacia un ideal nuevo, cada cuatro siglos ha habido un *Renacimiento.*

Y en Europa, todos han repercutido en un eco geográfico, en la entrada del Asia, que es Constantinopla.

El siglo IV, siglo de oro de la filosofía cristiana, coincide con la fundación de Constantinopla, la nueva Roma de las siete colinas.

En el siglo VIII, el imperio de Carlomagno, Renacimiento de los estudios; Constantinopla es amenazada por invasión sarracena, la defiende, como un símbolo, el *fuego griego.*

En el siglo xII, aparecen las Universidades, los cruzados fundan el imperio latino en Constantinopla.

Después, el Renacimiento del siglo xvI con la toma de Constantinopla por los turcos.

Ahora el del siglo xx. Nadie que sepa observar por debajo de la superficie alborotada de los anarquismos sociales, puede dejar de ver un fondo de resurgimiento, de *insurrección de ideal,* como ha dicho un escritor italiano.

Después del siglo del positivismo materialista anterior, llamado de las luces, de las luces artificiales, sin duda, porque se veía poco el sol de la verdad, hemos entrado en este siglo xx de la *desmaterialización de la materia...* Y el hecho geográfico se repite también. El imperio turco en Europa desaparece para ser sustituido por una confederación cristiana.

En América latina, una obra que acaba de publicar un diplomático peruano, prolo-

gada por el Presidente de la República
francesa, Poincaré, demuestra el hecho de
que después de cuatro siglos, un *Renacimiento* del espíritu español hace que vein-
te Repúblicas vuelvan los ojos a la España grande del pasado... A la de San Juan
de la Cruz.

CPSIA information can be obtained
at www.ICGtesting.com
Printed in the USA
LVHW082243230222
711682LV00005B/4